Primera Parte

Juan
Salvador
Gaviota

Juan
Salvador
Gaviota

un relato

RICHARD BACH

fotografías de
Russell
Munson

Javier Vergara Editor s.a.

Buenos Aires / Madrid / México
Santiago de Chile / Bogotá / Caracas

Título original
Jonathan Livingston Seagull

Edición original
The MacMillan Company

Traducción
Carol y Frederick Howell

ISBN 950-15-0579-0

Impreso en la Argentina/Printed in Argentine.
Depositado de acuerdo a la Ley 11.723.

**Esta edición terminó de imprimirse en
VERLAP S.A. - Producciones Gráficas
Vieytes 1534 - Buenos Aires - Argentina
en el mes de octubre de 1992.**

Al verdadero Juan Gaviota, que
todos llevamos dentro

Amanecía, y el nuevo sol pintaba de oro las ondas de un mar tranquilo.

Chapoteaba un pesquero a un kilómetro de la costa cuando, de pronto, rasgó el aire la voz llamando a la Bandada de la Comida y una multitud de mil gaviotas se aglomeró para regatear y luchar por cada pizca de pitanza. Comenzaba otro día de ajetreos.

Pero alejado y solitario, más allá de barcas y playas, estaba practicando Juan Salvador Gaviota. A treinta metros de altura, bajó sus pies palmeados, alzó su pico, y se esforzó por mantener en sus alas esa dolorosa y difícil torsión requerida para lograr un vuelo pausado. Aminoró su velocidad hasta que el viento no fue más que un susurro en su cara, hasta que el océano pareció detenerse allá abajo. Entornó los ojos en

11

feroz concentración, contuvo el aliento, forzó aquella torsión un... solo... centímetro... más... Encrespáronse sus plumas, se atascó y cayó.

Las gaviotas, como es bien sabido, nunca se atascan, nunca se detienen. Detenerse en medio del vuelo es para ellas vergüenza, y es deshonor.

Pero Juan Salvador Gaviota, sin avergonzarse, y al extender otra vez sus alas en aquella temblorosa y ardua torsión –parando, parando, y atascándose de nuevo–, no era un pájaro cualquiera.

La mayoría de las gaviotas no se molestan en aprender sino las normas de vuelo más elementales: cómo ir y volver entre playa y comida. Para la mayoría de las gaviotas, no es volar lo que importa, sino comer. Para esta gaviota, sin embargo, no era comer lo que le importaba, sino volar. Más que nada en el mundo, Juan Salvador Gaviota amaba volar.

Este modo de pensar, descubrió, no es la manera con que uno se hace popular entre los demás pájaros. Hasta sus padres se desilusionaron al ver a Juan pasarse días enteros, solo, haciendo cientos de planeos a baja altura, experimentando.

No comprendía por qué, por ejemplo, cuando volaba sobre el agua a alturas inferiores a la mitad de la envergadura de sus alas, podía quedarse en el aire más tiempo, con menos esfuerzos; y sus planeos no terminaban con el normal chapuzón al tocar sus patas en el mar, sino que dejaba tras sí una estela plana y larga al rozar la superficie con sus patas plegadas en aerodinámico gesto contra su cuerpo. Pero fue al empezar sus aterrizajes de patas recogidas –que luego revisaba paso a paso sobre la playa– que sus padres se desanimaron aún más.

–¿Por qué, Juan, *por qué*? –preguntaba su madre–. ¿Por qué te resulta tan difícil ser como el resto de la Bandada, Juan? ¿Por qué no dejas los vuelos rasantes a los pelícanos y a los albatros?

¿Por qué no *comes*? ¡Hijo, ya no eres más que hueso y plumas!

–No me importa ser sólo hueso y plumas, mamá. Sólo pretendo saber qué puedo hacer en el aire y qué no. Nada más. Sólo deseo saberlo.

–Mira, Juan –dijo su padre, con cierta ternura–. El invierno está cerca. Habrá pocos barcos, y los peces de superficie se habrán ido a las profundidades. Si quieres estudiar, estudia sobre la comida y cómo conseguirla. Esto de volar es muy bonito, pero no puedes comerte un planeo, ¿sabes? No olvides que la razón de volar es comer.

Juan asintió obedientemente. Durante los días sucesivos, intentó comportarse como las demás gaviotas; lo intentó de verdad, trinando y batiéndose con la Bandada cerca del muelle y los pesqueros, lanzándose sobre un pedazo de pan y algún pez. Pero no le dio resultado.

Es todo tan inútil, pensó, y deliberadamente dejó caer una anchoa duramente disputada a una vieja y hambrienta gaviota que le perseguía. Podría estar empleando todo este tiempo en aprender a volar. ¡Hay tanto que aprender!

No pasó mucho tiempo sin que Juan Gaviota saliera solo de nuevo hacia alta mar, hambriento, feliz, aprendiendo.

El tema fue la velocidad, y en una semana de prácticas había aprendido más acerca de la velocidad que la más veloz de las gaviotas.

A una altura de trescientos metros, aleteando con todas sus fuerzas, se metió en un abrupto y flameante picado hacia las olas, y aprendió por qué las gaviotas no hacen abruptos y flameantes picados. En sólo seis segundos voló a cien kilómetros por hora, velocidad a la cual el ala levantada empieza a ceder.

Una vez tras otra le sucedió lo mismo. A pesar de todo su cuidado, trabajando al máximo de su habilidad, perdía el control a alta velocidad.

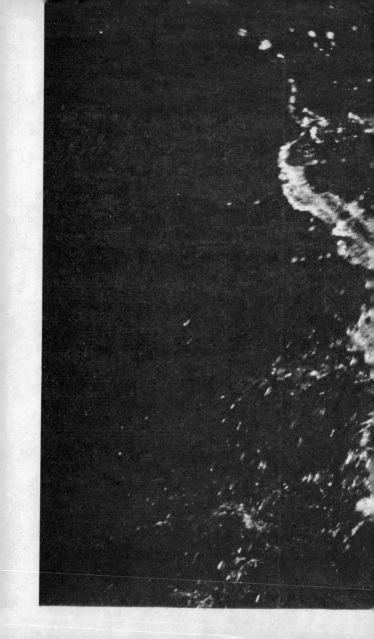

Subía a trescientos metros. Primero con todas sus fuerzas hacia arriba, luego inclinándose hasta lograr un picado vertical. Entonces, cada vez que trataba de mantener alzada su ala izquierda, giraba violentamente hacia ese lado, y al tratar de levantar su derecha para equilibrarse, entraba, como un rayo, en una descontrolada barrena.

Tenía que ser mucho más cuidadoso al levantar esa ala. Diez veces lo intentó, y las diez veces, al pasar a más de cien kilómetros por hora, terminó en un montón de plumas descontroladas, estrellándose contra el agua.

Empapado, pensó al fin que la clave debía ser mantener las alas quietas a alta velocidad; aletear, se dijo, hasta setenta por hora, y entonces dejar las alas quietas.

Lo intentó otra vez a setecientos metros de altura, descendiendo en vertical, el pico hacia abajo y las alas completamente extendidas y estables desde el momento en que pasó los setenta kilómetros por hora. Necesitó un esfuerzo tremendo, pero lo consiguió. En diez segundos, volaba como una centella sobrepasando los ciento treinta kilómetros por hora. ¡Juan había conseguido una marca mundial de velocidad para gaviotas!

Pero el triunfo duró poco. En el instante en que empezó a salir del picado, en el instante en que cambió el ángulo de sus alas, se precipitó en el mismo terrible e incontrolado desastre de antes y, a ciento treinta kilómetros por hora, el desenlace fue como un dinamitazo. Juan Gaviota se desintegró y fue a estrellarse contra un mar duro como un ladrillo.

Cuando recobró el sentido, era ya pasado el anochecer, y se halló a la luz de la Luna y flotando en el océano. Sus alas desgreñadas parecían lingotes de plomo, pero el fracaso le pesaba aún más sobre su espalda. Débilmente deseó que el peso fuera suficiente para arrastrarle al fondo, y así terminar con todo.

A medida que se hundía, una voz hueca y extraña resonó en su interior. No hay forma de evitarlo. Soy gaviota Soy limitado por naturaleza. Si estuviese destinado a aprender tanto sobre volar tendría por cerebro cartas de navegación. Si estuviese destinado a volar a alta velocidad, tendría las alas cortas de un halcón, y comería ratones en lugar de peces. Mi padre tenía razón. Tengo que olvidar estas tonterías. Tengo que volar a casa, a la Bandada, y estar contento de ser como soy: una pobre y limitada gaviota.

La voz se fue desvaneciendo y Juan se sometió. Durante toda la noche, el lugar para una gaviota es la playa y, desde ese momento, se prometió ser una gaviota normal. Así todo el mundo se sentiría más feliz.

Cansado se elevó de las oscuras aguas y voló hacia tierra, agradecido de lo que habia aprendido sobre cómo volar a baja altura con el menor esfuerzo.

– Pero no –pensó–. Ya he terminado con esta manera de ser, he terminado con todo lo que he aprendido. Soy una gaviota como cualquier otra gaviota, y volaré como tal.

Así es que ascendió dolorosamente a treinta metros y aleteó con más fuerza luchando por llegar a la orilla.

Se encontró mejor por su decisión de ser como otro cualquiera de la Bandada. Ahora no habría nada que le atara a la fuerza que le impulsaba a aprender, no habría más desafíos ni más fracasos. Y le resultó grato dejar ya de pensar, y volar, en la oscuridad, hacia las luces de la playa.

¡La oscuridad!, exclamó, alarmada, la hueca voz. *¡Las gaviotas nunca vuelan en la oscuridad!*

Juan no estaba alerta para escuchar. Es grato, pensó. La Luna y las luces centelleando en el agua, trazando lu-

minosos senderos en la oscuridad, y todo tan pacífico y sereno...

¡Desciende! ¡Las gaviotas nunca vuelan en la oscuridad! ¡Si hubieras nacido para volar en la oscuridad, tendrías los ojos del búho! ¡Tendrías por cerebro cartas de navegación! ¡Tendrías las alas cortas de un halcón!

Allí, en la noche, a treinta metros de altura, Juan Salvador Gaviota parpadeó. Sus dolores, sus resoluciones, se esfumaron.

¡Alas cortas! *¡Las alas cortas de un halcón!*

¡Esta es la solución! ¡Qué necio he sido! ¡No necesito más que un ala muy pequeñita, no necesito más que doblar la parte mayor de mis alas y volar con los extremos! *¡Alas cortas!*

Subió a setecientos metros sobre el negro mar, y sin pensar por un momento en el fracaso o en la muerte, pegó fuertemente las anteabas a su cuerpo, dejó solamente los afilados extremos asomados como dagas al viento, y cayó en picado vertical.

El viento le azotó la cabeza con un bramido monstruoso. Cien kilómetros por hora, ciento treinta, ciento ochenta y aún más rápido. La tensión de las alas a doscientos kilómetros por hora no era ahora tan grande como antes a cien, y con un mínimo movimiento de los extremos de las alas aflojó gradualmente el picado y salió disparado sobre las olas, como una gris bala de cañón bajo la Luna.

Entornó sus ojos contra el viento hasta transformarlos en dos pequeñas rayas, y se regocijó. ¡A doscientos kilómetros por hora! ¡Y bajo control! ¡Si pico desde mil metros en lugar de quinientos, ¿a cuánto llegaré...?

Olvidó sus resoluciones de hace un momento, arrebatadas por ese gran viento. Sin embargo, no se sentía culpable al romper las promesas que había hecho consigo mismo. Tales promesas existen solamente para las gaviotas que aceptan lo corriente. Uno que ha palpado la perfección en su aprendizaje no necesita esa clase de promesas.

Al amanecer, Juan Gaviota estaba practicando de nuevo. Desde dos mil metros los pesqueros eran puntos sobre el agua plana y azul, la Bandada de la Comida una débil nube de insignificantes motitas en circulación.

Estaba vivo, y temblaba ligeramente de gozo, orgulloso de que su miedo estuviera bajo control. Entonces, sin ceremonias, encogió sus anteñas, extendió los cortos y angulosos extremos, y se precipitó directamente hacia el mar. Al pasar los dos mil metros, logró la velocidad máxima, el viento era una sólida y palpitante pared sonora contra la cual no podía avanzar con más rapidez. Ahora volaba recto hacia abajo a trescientos veinte kilómetros por hora. Tragó saliva, comprendiendo que se haría trizas si sus alas llegaban a desdoblarse a esa velocidad, y se despedazaría en un millón de partículas de gaviota. Pero la velocidad era poder, y la velocidad era gozo, y la velocidad era pura belleza.

Empezó su salida del picado a trescientos metros, los extremos de las alas batidos y borrosos en ese gigantesco viento, y justamente en su camino, el barco y la multitud de gaviotas se desenfocaban y crecían con la rapidez de una cometa.

No pudo parar; no sabía aún ni cómo girar a esa velocidad.

Una colisión sería la muerte instantánea.

Así es que cerró los ojos.

Sucedió entonces que esa mañana, justo después del amanecer, Juan Salvador Gaviota se disparó directamente en medio de la Bandada de la Comida marcando trescientos dieciocho kilómetros por hora, los ojos cerrados y en medio de un rugido de viento y plumas. La Gaviota de la Providencia le sonrió por esta vez, y nadie resultó muerto.

Cuando al fin apuntó su pico hacia

el cielo, aún zumbaba a doscientos cuarenta kilómetros por hora. Al reducir a treinta y extender sus alas otra vez, el pesquero era una miga en el mar, mil metros más abajo.

Sólo pensó en el triunfo. ¡La velocidad máxima! ¡Una gaviota a *trescientos veinte kilómetros por hora!* Era un descubrimiento, el momento más grande y singular en la historia de la Bandada, y en ese momento una nueva época se abrió para Juan Gaviota. Voló hasta su solitaria área de prácticas, y doblando sus alas para un picado desde tres mil metros, se puso a trabajar en seguida para descubrir la forma de girar.

Se dio cuenta de que al mover una sola pluma del extremo de su ala una fracción de centímetro, causaba una curva suave y extensa a tremenda velocidad. Antes de haberlo aprendido, sin embargo, vio que cuando movía más de una pluma a esa velocidad, giraba como una bala de rifle... y así fue Juan la primera gaviota de este mundo en realizar acrobacias aéreas.

No perdió tiempo ese día en charlar con las otras gaviotas, sino que siguió volando hasta después de la puesta del Sol. Descubrió el rizo, el balance lento, el balance en punta, la barrena invertida, el medio rizo invertido.

Cuando Juan Gaviota volvió a la Bandada ya en la playa, era totalmente de noche. Estaba mareado y rendido. No obstante, y no sin satisfacción, hizo un rizo para aterrizar y un tonel rápido justo antes de tocar tierra. Cuando sepan, pensó, lo del Descubrimiento, se pondrán locos de alegría. ¡Cuánto mayor sentido tiene ahora la vida! En lugar de nuestro lento y pesado ir y venir a los pesqueros, ¡hay una razón para vivir! Podremos alzarnos sobre nuestra ignorancia, podremos descubrirnos como criaturas de perfección, inteligencia y habilidad. ¡Podremos ser libres!

¡Podremos aprender a volar!

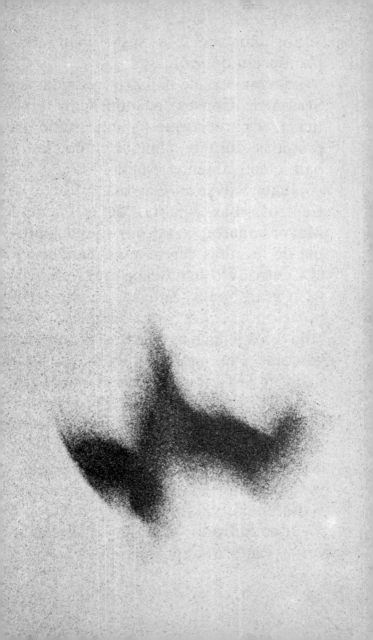

Los años venideros susurraban y resplandecían de promesas.

Las gaviotas se hallaban reunidas en Sesión de Consejo cuando Juan tomó tierra, y parecía que habían estado así reunidas durante algún tiempo. Estaban, efectivamente, esperando.

¡Juan Salvador Gaviota! ¡Ponte al Centro! –Las palabras de la Gaviota Mayor sonaron con la voz solemne propia de las altas ceremonias. Ponerse en el Centro sólo significaba gran vergüenza o gran honor. Situarse en el Centro por Honor, era la forma en que se señalaba a los jefes más destacados entre las gaviotas. Por supuesto, pensó, ¡la Bandada de la Comida... esta mañana: vieron el Descubrimiento! Pero yo no quiero honores. No tengo ningún deseo de ser líder. Sólo quiero compartir lo que he encontrado, y mostrar esos nuevos horizontes que nos están esperando. Y dio un paso al frente.

–Juan Salvador Gaviota –dijo el Mayor–. ¡Ponte al Centro para tu Vergüenza ante la mirada de tus semejantes!

Sintió como si le hubieran golpeado con un madero. Sus rodillas empezaron a temblar, sus plumas se combaron, y le zumbaban los oídos. ¿Al Centro para deshonrarme? ¡Imposible! ¡El Descubrimiento! ¡No entienden! ¡Están equivocados! ¡Están equivocados!

—... por su irresponsabilidad temeraria —entonó la voz solemne—, al violar la dignidad y la tradición de la Familia de las Gaviotas...

Ser centrado por deshonor significaba que le expulsarían de la sociedad de las gaviotas, desterrado a una vida solitaria allá en los Lejanos Acantilados.

—... algún día, Juan Salvador Gaviota, aprenderás que la irresponsabilidad se paga. La vida es lo desconocido y lo irreconocible, salvo que hemos nacido para comer y vivir el mayor tiempo posible.

Una gaviota nunca replica al Consejo de la Bandada, pero la voz de Juan se hizo oír:

–¿Irresponsabilidad? ¡Hermanos míos! –gritó–. ¿Quién es más responsable que una gaviota que encuentra y persigue un significado, un fin más alto para la vida? Durante mil años hemos luchado por las cabezas de los peces, pero ahora tenemos una razón para vivir; para aprender; para descubrir; ¡para ser libres! Dadme una oportunidad, dejadme que os muestre lo que he encontrado...

La Bandada parecía de piedra.

–Se ha roto la Hermandad –entonaron juntas las gaviotas, y todas de acuerdo cerraron solemnemente sus oídos y le dieron la espalda.

Juan Gaviota pasó el resto de sus días solo, pero voló mucho más allá de los Lejanos Acantilados. Su único pesar no era su soledad, sino que las otras gaviotas se negasen a creer en la gloria que les esperaba al volar; que se negasen a abrir sus ojos y a ver.

Aprendía más cada día. Aprendió que un picado aerodinámico a alta velocidad podía ayudarle a encontrar aquel pez raro y sabroso que habitaba a tres metros bajo la superficie del océano: ya no le hicieron falta pesqueros ni pan duro para sobrevivir. Aprendió a dormir en el aire fijando una ruta durante la noche a través del viento de la costa, atravesando ciento. cincuenta kilómetros de sol a sol. Con el mismo control interior, voló a través de espesas nieblas marinas y subió sobre ellas hasta cielos claros y deslumbradores... mientras las otras gaviotas yacían en tierra, sin ver más que niebla y lluvia. Aprendió a cabalgar los altos vientos tierra adentro, para regalarse allí con los más sabrosos insectos.

Lo que antes había esperado conseguir para toda la Bandada, lo obtuvo ahora para sí mismo; aprendió a volar y no se arrepintió del precio que había pagado. Juan Gaviota descubrió que el aburrimiento y el miedo y la ira, son las razones por las que la vida de una gaviota es tan corta, y al desaparecer

aquéllas de su pensamiento, tuvo por cierto una vida larga y buena.

Vinieron entonces al anochecer, y encontraron a Juan planeando, pacífico y solitario en su querido cielo. Las dos gaviotas que aparecieron junto a sus alas eran puras como luz de estrellas, y su resplandor era suave y amistoso en el alto cielo nocturno. Pero lo más hermoso de todo. era la habilidad con la que volaban; los extremos de sus alas avanzando a un preciso y constante centímetro de las suyas.

Sin decir palabra, Juan les puso a prueba, prueba que ninguna gaviota había superado jamás. Torció sus alas, y redujo su velocidad a un solo kilómetro por hora, casi parándose. Aquellas dos radiantes aves redujeron también la suya, en formación cerrada. Sabían lo que era volar lento.

Dobló sus alas, giró y cayó en picado a doscientos kilómetros por hora. Se dejaron caer con él, precipitándose hacia abajo en formación impecable.

Por fin, Juan voló con igual velocidad hacia arriba en un giro lento y vertical. Giraron con él, sonriendo.

Recuperó el vuelo horizontal y se quedó callado un tiempo antes de decir:

—Muy bien. ¿Quiénes sois?

—Somos de tu Bandada, Juan. Somos tus hermanos. —Las palabras fueron firmes y serenas—. Hemos venido a llevarte más arriba, a llevarte a casa.

—¡Casa no tengo! Bandada tampoco tengo. Soy un Exilado. Y ahora volamos a la vanguardia del Viento de la Gran Montaña. Unos cientos de metros más, y no podré levantar más este viejo cuerpo.

—Sí que puedes, Juan. Porque has aprendido. Una etapa ha terminado, y ha llegado la hora de que empiece otra.

Tal como le había iluminado toda su vida, también ahora el entendimiento iluminó ese instante de la existencia de Juan Gaviota. Tenían razón. El *era* capaz de volar más alto, y ya era hora de irse a casa.

Echó una larga y última mirada al cielo, a esa magnífica tierra de plata donde tanto había aprendido.

—Estoy listo —dijo al fin.

Y Juan Salvador Gaviota se elevó con las dos radiantes gaviotas para desaparecer en un perfecto y oscuro cielo.

Segunda Parte

De modo que esto
es el cielo, pensó, y tuvo que sonreírse.
No era muy respetuoso analizar el cielo
justo en el momento en que uno está a
punto de entrar en él.

Al venir de la Tierra por encima de
las nubes y en formación cerrada con
las dos resplandecientes gaviotas, vio
que su propio cuerpo se hacía tan resplandeciente como el de ellas.

En verdad, allí estaba el mismo y joven Juan Gaviota, el que siempre había existido detrás de sus ojos dorados,
pero la forma exterior había cambiado.

Su cuerpo sentía como gaviota, pero
ya volaba mucho mejor que con el an-
tiguo. ¡Vaya, pero si con la mitad del
esfuerzo, pensó, obtengo el doble de
velocidad, el doble de rendimiento que
en mis mejores días en la Tierra!

Brillaban sus plumas, ahora de un

blanco resplandeciente, y sus alas eran lisas y perfectas como láminas de plata pulida. Empezó, gozoso, a familiarizarse con ellas, a imprimir potencia en estas nuevas alas.

A trescientos cincuenta kilómetros por hora le pareció que estaba logrando su máxima velocidad en vuelo horizontal. A cuatrocientos diez pensó que estaba volando al tope de su capacidad, y se sintió ligeramente desilusionado. Había un límite a lo que podía hacer con su nuevo cuerpo, y aunque iba mucho más rápido que en su antigua marca de vuelo horizontal, era sin embargo un límite que le costaría mucho esfuerzo mejorar. En el cielo, pensó, no debería haber limitaciones.

De pronto se separaron las nubes y sus compañeros gritaron:

—Feliz aterrizaje, Juan —y desaparecieron sin dejar rastro.

Volaba encima de un mar, hacia un mellado litoral. Una que otra gaviota se afanaba en los remolinos entre los acantilados. Lejos, hacia el Norte, en el horizonte mismo, volaban unas cuantas más. Nuevos horizontes, nuevos pensamientos, nuevas preguntas. ¿Por qué tan pocas gaviotas? ¡El paraíso debería estar *lleno* de gaviotas! ¿Y por qué estoy tan cansado de pronto? Era de suponer que las gaviotas en el cielo no deberían cansarse, ni dormir.

¿Dónde había oído eso? El recuerdo de su vida en la Tierra se le estaba haciendo borroso. La Tierra había sido un lugar donde había aprendido mucho, por supuesto, pero los detalles se le hacían ya nebulosos; recordaba algo de la lucha por la comida, y de haber sido un Exilado.

La docena de gaviotas que estaba cerca de la playa vino a saludarle sin que ni una dijera una palabra. Sólo sintió que se le daba la bienvenida y que ésta era su casa. Había sido un gran día para él, un día cuyo amanecer ya no recordaba.

Giró para aterrizar en la playa, ba-

tiendo sus alas hasta pararse un instante
-en el aire, y luego descendió ligeramente sobre la arena. Las otras gaviotas
aterrizaron también, pero ninguna movió ni una pluma. Volaron contra el
viento, extendidas sus brillantes alas,
y luego, sin que supiera él cómo, cam-
biaron la curvatura de sus plumas hasta
detenerse en el mismo instante en que
sus pies tocaron tierra. Había sido una
hermosa muestra de control, pero Juan
estaba ahora demasiado cansado para
intentarlo. De pie, allí en la playa, sin
que aún se hubiera pronunciado ni una
sola palabra, se durmió.

Durante los próximos días vio Juan
que había aquí tanto que aprender sobre el vuelo como en la vida que había
dejado. Pero con una diferencia. Aquí
había gaviotas que pensaban como él.
Ya que para cada una de ellas lo más
importante de sus vidas era alcanzar y
palpar la perfección de lo que más ama-
ban hacer: volar. Eran pájaros magnífi-
cos, todos ellos, y pasaban hora tras

hora cada día ejercitándose en volar, ensayando aeronáutica avanzada.

Durante largo tiempo Juan se olvidó del mundo de donde había venido, ese lugar donde la Bandada vivía con los ojos bien cerrados al gozo de volar, empleando sus alas como medios para encontrar y luchar por la comida. Pero de cuando en cuando, sólo por un momento, lo recordaba.

Se acordó de ello una mañana cuando estaba con su instructor mientras descansaban en la playa después de una sesión de toneles con ala plegada.

—¿Dónde están los demás, Rafael? —preguntó en silencio, ya bien acostumbrado a la cómoda telepatía que estas gaviotas empleaban en lugar de graznidos y trinos—. ¿Por qué no hay más de nosotros aquí? De donde vengo había...

—... miles y miles de gaviotas. Lo sé. —Rafael movió su cabeza afirmativamente—. La única respuesta que puedo dar, Juan, es que tú eres una gaviota en un millón. La mayoría de nosotros progresamos con mucha lentitud. Pasamos de un mundo a otro casi exactamente igual, olvidando en seguida de dónde habíamos venido, sin preocuparnos hacia dónde íbamos, viviendo sólo el momento presente. ¿Tienes idea de cuántas vidas debimos cruzar antes de que lográramos la primera idea de que hay más en la vida que comer, luchar, o alcanzar poder en la Bandada? ¡Mil vidas, Juan, diez mil! Y luego cien vidas más hasta que empezamos a aprender que hay algo llamado perfección, y otras cien para comprender que la meta de la vida es encontrar esa perfección y reflejarla. La misma norma se aplica ahora a nosotros, por supuesto: elegimos nuestro mundo venidero mediante lo que hemos aprendido en éste. No aprendas nada, y el próximo mundo será igual que éste, con las mismas limitaciones y pesos de plomo que superar.

Extendió sus alas y volvió su cara al viento.

–Pero tú, Juan –dijo–, aprendiste tanto de una vez que no has tenido que pasar por mil vidas para llegar a ésta.

En un momento estaban otra vez en el aire, practicando. Era difícil mantener la formación cuando giraban para volar en posición invertida, puesto que entonces Juan tenía que ordenar inversamente su pensamiento, cambiando la curvatura, y cambiándola en exacta armonía con la de su instructor.

–Intentemos de nuevo –decía Rafael una y otra vez–: Intentemos de nuevo. –Y por fin–: Bien. –Y entonces empezaron a practicar los rizos exteriores.

Una noche, las gaviotas que no estaban practicando vuelos nocturnos se quedaron en la arena, pensando. Juan echó mano de todo su coraje y se acercó a la Gaviota Mayor, de quien se decía iba pronto a trasladarse más allá de este mundo.

–Chiang... –dijo, un poco nervioso.

La vieja gaviota le miró tiernamente.

–¿Sí, hijo mío?

· En lugar de perder fuerza con la edad, el Mayor la había aumentado; podía volar más y mejor que cualquiera gaviota de la Bandada, y había aprendido habilidades que las otras sólo empezaban a conocer.

—Chiang, este mundo no es el verdadero cielo, ¿verdad?

El Mayor sonrió a la luz de la Luna.

—Veo que sigues aprendiendo, Juan.

—Bueno, ¿qué pasará ahora? ¿A dónde iremos? ¿Es que no hay un lugar que sea como el cielo?

—No, Juan, no hay tal lugar. El cielo no es un lugar, ni un tiempo. El cielo consiste en ser perfecto. —Se quedó callado un momento—. Eres muy rápido para volar, ¿verdad?

—Me... me encanta la velocidad —dijo Juan, sorprendido, pero orgulloso de que el Mayor se hubiese dado cuenta.

—Empezarás a palpar el cielo, Juan, en el momento en que palpes la perfecta velocidad. Y esto no es volar a mil kilómetros por hora, ni a un millón, ni a la velocidad de la luz. Porque cualquier número es ya un límite, y la perfección no tiene límites. La perfecta velocidad, hijo mío, es estar allí.

Sin aviso, y en un abrir y cerrar de ojos, Chiang desapareció y apareció al borde del agua, veinte metros más allá. Entonces desapareció de nuevo y volvió en una milésima de segundo, junto al hombro de Juan.

—Es bastante divertido —dijo.

Juan estaba maravillado. Se olvidó de preguntar por el cielo.

–¿Cómo lo haces? ¿Qué se siente al hacerlo? ¿A qué distancia puedes llegar?

–Puedes ir al lugar y al tiempo que desees –dijo el Mayor–. Yo he ido dónde y cuándo he querido. –Miró hacia el mar–. Es extraño. Las gaviotas que desprecian la perfección por el gusto de viajar, no llegan a ninguna parte, y lo hacen lentamente. Las que se olvidan de viajar por alcanzar la perfección, llegan a todas partes, y al instante. Recuerda, Juan, el cielo no es un lugar ni un tiempo, porque el lugar y el tiempo poco significan. El cielo es:...

–¿Me puedes enseñar a volar así? –Juan Gaviota temblaba ante la conquista de otro desafío.

–Por supuesto, si es que quieres aprender.

–Quiero. ¿Cuándo podemos empezar?

–Podríamos empezar ahora, si lo deseas.

–Quiero aprender a volar de esa manera —dijo Juan, y una luz extraña brillo en sus ojos—. Dime qué hay que hacer.

Chiang habló con lentitud, observando a la joven gaviota muy cuidadosamente.

—Para volar tan rápido como el pensamiento y a cualquier sitio que exista —dijo—, debes empezar por saber que ya has llegado...

El secreto, según Chiang, consistía en que Juan dejase de verse a sí mismo como prisionero de un cuerpo limitado, con una envergadura de ciento cuatro centímetros y un rendimiento susceptible de programación. El secreto era saber que su verdadera naturaleza vivía, con la perfección de un número no escrito, simultáneamente en cualquier lugar del espacio y del tiempo.

Juan se dedicó a ello con ferocidad, día tras día, desde el amanecer hasta después de la medianoche. Y a pesar de todo su esfuerzo no logró moverse ni un milímetro del sitio donde se encontraba.

–¡Olvídate de la fe! –le decía Chiang una y otra vez–. Tú no necesitaste fe para volar, lo que necesitaste fue comprender lo que era el vuelo. Esto es lo mismo. Ahora inténtalo otra vez...

Así un día, Juan, de pie en la playa, cerrados los ojos, concentrado, como un relámpago comprendió de pronto lo que Chiang habíale estado diciendo.

–¡Pero si es verdad! ¡*Soy* una gaviota perfecta y sin limitaciones! –Y se estremeció de alegría.

–¡Bien! –dijo Chiang, y hubo un tono de triunfo en su voz.

Juan abrió sus ojos. Quedó solo con el Mayor en una playa completamente distinta; los árboles llegaban hasta el borde mismo del agua, dos soles gemelos y amarillos giraban en lo alto.

–Por fin has captado la idea –dijo Chiang–, pero tu control necesita algo más de trabajo...

Juan se quedó pasmado.

–¿Dónde estamos?

En absoluto impresionado por el extraño paraje, el Mayor ignoró la pregunta.

—Es obvio que estamos en un planeta que tiene un cielo verde y una estrella doble por sol.

Juan lanzó un grito de alegría, el primer sonido que había pronunciado desde que dejara la Tierra:

—¡RESULTO!

—Bueno, claro que resultó, Juan. Siempre resulta cuando se sabe lo que se hace. Y ahora, volviendo al tema de tu control...

Cuando volvieron, había anochecido. Las otras gaviotas, miraron a Juan con reverencia en sus ojos dorados, porque le habían visto desaparecer de donde había estado plantado por tanto tiempo.

Aguantó sus felicitaciones durante menos de un minuto.

—Soy nuevo aquí. Acabo de empezar. Soy yo quien debe aprender de vosotros.

—Me pregunto si eso es cierto, Juan —dijo Rafael, de pie cerca de él—. En diez mil años no he visto una gaviota con menos miedo de aprender que tú. –La Bandada se quedó en silencio, y Juan hizo un gesto de turbación.

–Si quieres, podemos empezar a trabajar con el tiempo –dijo Chiang–, hasta que logres volar por el pasado y el futuro. Y entonces, estarás preparado para empezar lo más difícil, lo más colosal, lo más divertido de todo. Estarás preparado para subir y comprender el significado de la bondad y el amor.

Pasó un mes, o algo que pareció un mes, y Juan aprendía con tremenda rapidez. Siempre había sido veloz para aprender lo que la experiencia normal tenía para enseñarle, y ahora, como alumno especial del Mayor en Persona, asimiló las nuevas ideas como si hubiera sido una supercomputadora de plumas.

Pero al fin llegó el día en que Chiang desapareció. Había estado hablando calladamente con todos ellos, exhortándoles a que nunca dejaran de aprender y de practicar y de esforzarse por comprender más acerca del perfecto e invisible principio de toda vida. Entonces, mientras hablaba, sus plumas se hicieron más y más resplandecientes hasta que al fin brillaron de tal manera que ninguna gaviota pudo mirarle.

–Juan –dijo, y éstas fueron las últimas palabras que pronunció–, sigue trabajando en el amor.

Cuando pudieron ver otra vez, Chiang había desaparecido.

Con el pasar de los días, Juan se sorprendió pensando una y otra vez en la Tierra de la que había venido.

Si hubiese sabido allí una décima, una centésima parte de lo que ahora sabía, ¡cuánto más significado habría tenido entonces la vida! Quedóse allí en la arena y empezó a preguntarse si habría una gaviota allá abajo que estuviese esforzándose por romper sus limitaciones, por entender el significado del vuelo más allá de una manera de trasladarse para conseguir algunas migajas caídas de un bote. Quizás hasta hubiera un **exilado** por haber dicho la verdad ante la Bandada. Y mientras más practicaba Juan sus lecciones de bondad, y mientras más trabajaba para conocer la naturaleza del amor, más deseaba volver a la Tierra. Porque, a pesar de su pasado solitario, Juan Gaviota había nacido para ser instructor, y su manera de demostrar el amor era compartir algo de la verdad que había visto, con alguna gaviota que estuviese pidiendo sólo una oportunidad de ver la verdad por sí misma.

Rafael, adepto ahora a los vuelos a la velocidad del pensamiento y a ayudar a que los otros aprendieran, dudaba.

—Juan, fuiste exilado una vez. ¿Por qué piensas que alguna gaviota de tu pasado va a escucharte ahora? Ya sabes el refrán, y es verdad: *Gaviota que ve lejos, vuela alto*. Esas gaviotas de donde has venido se lo pasan en tierra, graznando y luchando entre ellas. Están a mil kilómetros del cielo. ¡Y tú dices que quieres mostrarles el cielo desde donde están paradas! ¡Juan, ni siquiera pueden ver los extremos de sus propias alas! Quédate aquí. Ayuda a las gaviotas novicias de aquí, que están bastante avanzadas como para comprender lo que tienes que decirles.

Se quedó callado un momento, y luego dijo:

—¿Qué habría pasado si Chiang hubiese vuelto a *sus* antiguos mundos? ¿Dónde estarías tú ahora?

El último punto era el decisivo, y Rafael tenía razón. *Gaviota que ve lejos, vuela alto.*

Juan se quedó y trabajó con los novicios que iban llegando, todos muy listos y rápidos en sus deberes. Pero volvióle el viejo recuerdo, y no podía dejar de pensar en que a lo mejor había una o dos gaviotas allá en la Tierra que también podrían aprender. ¡Cuánto más habría sabido ahora si Chiang le hubiese ayudado cuando era un Exilado!

—Rafa, tengo que volver —dijo por

fin–. Tus alumnos van bien. Te podrán incluso ayudar con los nuevos.

Rafael suspiró, pero prefirió no discutir. –Creo que te echaré de menos, Juan –fue todo lo que dijo.

–¡Rafa, qué vergüenza! –dijo Juan reprochándole–. ¡No seas necio! ¿Qué intentamos practicar todos los días? ¡Si nuestra amistad depende de cosas como el espacio y el tiempo, entonces, cuando por fin superemos el espacio y el tiempo, habremos destruido nuestra propia hermandad! Pero supera el espacio, y nos quedará sólo un Aquí. Supera el tiempo, y nos quedará sólo un Ahora. Y entre el Aquí y el Ahora, ¿no crees que podremos volver a vernos un par de veces?

Rafael Gaviota tuvo que soltar una carcajada.

–Estás hecho un pájaro loco –dijo tiernamente–. Si hay alguien que pueda mostrarle a uno en la Tierra cómo ver a mil millas de distancia, ése será Juan Salvador Gaviota. –Quedóse mirando la arena–: Adiós, Juan, amigo mío.

–Adiós, Rafa. Nos volveremos a ver. –Y con esto, Juan evocó en su pensamiento la imagen de las grandes bandadas de gaviotas en la orilla de otros tiempos, y supo, con experimentada facilidad, que ya no era sólo hueso y plumas, sino una perfecta idea de libertad y vuelo, sin limitación alguna.

Pedro Pablo Gaviota era aún bastante joven, pero ya sabía que no había pájaro peor tratado por una. Bandada, o con tanta injusticia.

–Me da lo mismo lo que digan –pensó furioso, y su vista se nubló mientras volaba hacia los Lejanos Acantilados–. ¡Volar es tanto más importante que un simple aletear de aquí para allá! ¡Eso lo puede hacer hasta un... hasta un *mosquito!* ¡Sólo un pequeño viraje en tonel alrededor de la Gaviota Mayor, nada más que por diversión, y ya soy un Exilado! ¿Son ciegos acaso? ¿Es que no pueden ver? ¿Es que no pueden imaginar la gloria que alcanzarían si realmente aprendiéramos a volar?

Me da lo mismo lo que piensen. ¡Yo les mostraré lo que es volar! No seré más que un puro Bandido, si eso es lo que quieren. Pero haré que se arrepientan...

La voz surgió dentro de su cabeza, y aunque era muy suave, le asustó tanto que se equivocó y dio una voltereta en el aire.

–No seas tan duro con ellos, Pedro Gaviota. Al expulsarte, las otras gaviotas solamente se han hecho daño a sí mismas, y un día se darán cuenta de ello; y un día verán lo que tú ves. Perdónales y ayúdales a comprender.

A un centímetro del extremo de su ala derecha volaba la gaviota más resplandeciente de todo el mundo, planeando sin esfuerzo alguno, sin mover una pluma, a casi la máxima velocidad de Pedro.

El caos reinó por un momento dentro del joven pájaro.

–¿Qué está pasando? ¿Estoy loco? ¿Estoy muerto? ¿Qué es esto?

Baja y tranquila continuó la voz dentro de su pensamiento, exigiendo una contestación:

–Pedro Pablo Gaviota, ¿quieres volar?

–¡SI, QUIERO VOLAR!

–Pedro Pablo Gaviota, ¿tanto quieres volar que perdonarás a la Bandada, y aprenderás, y volverás a ella un día y trabajarás para ayudarles a comprender?

No había manera de mentirle a este magnífico y hábil ser, por orgulloso o herido que Pedro Pablo Gaviota se sintiera.

–Sí, quiero –dijo suavemente.

–Entonces, Pedro –le dijo aquella criatura resplandeciente, y la voz fue muy tierna–, empecemos con el Vuelo Horizontal...

Tercera Parte

Juan giraba lentamente
sobre los Lejanos Acantilados; observa-
ba. Este rudo y joven Pedro Gaviota
era un alumno de vuelo casi perfecto.
Era fuerte, y ligero, y rápido en el aire,
pero mucho más importante, ¡tenía un
devastador deseo de aprender a volar!

Aquí venía ahora, una forma borrosa
y gris que salía de su picado con un rugido, pasando como un bólido a su instructor, a doscientos veinte kilómetros
por hora. Abruptamente se metió en
otra pirueta con un balance de dieciséis
puntos, vertical y lento, contando los
puntos en voz alta.

... nueve... diez... ves-Juan-se-me-es-
tá-terminando-la-velocidad-del-aire... on-
ce... Quiero-paradas-perfectas-y-agudas-
como-las-tuyas... doce... pero ¡caramba!-
no-puedo-llegar... trece... a-estos-tres-úl-
timos-puntos... sin... cator... ¡*aaakk*...!

La torsión de cola le salió a Pedro mucho peor a causa de su ira y furia al fracasar. Se fue de espaldas, volteó, se cerró salvajemente en una barrena invertida, y por fin se recuperó, jadeando, a treinta metros bajo el nivel en que se hallaba su instructor.

—¡Pierdes tu tiempo conmigo, Juan! ¡Soy demasiado tonto! ¡Soy demasiado estúpido! ¡Intento e intento, pero nunca lo lograré!

Juan Gaviota le miró desde arriba y asintió.

—Seguro que nunca lo conseguirás mientras hagas ese encabritamiento tan brusco. ¡Pedro, has perdido sesenta kilómetros por hora en la entrada! ¡Tienes que ser suave! Firme, pero suave, ¿te acuerdas?

Bajó al nivel de la joven gaviota.

—Intentémoslo juntos ahora, en formación. Y concéntrate en ese encabritamiento. Es una entrada suave, fácil.

Al cabo de tres meses, Juan tenía otros seis aprendices, todos Exilados, pero curiosos por esta nueva visión del vuelo por el puro gozo de volar.

Sin embargo, les resultaba más fácil dedicarse al logro de altos rendimientos que a comprender la razón oculta de ello.

–Cada uno de nosotros es en verdad una idea de la Gran Gaviota, una idea ilimitada de la libertad –diría Juan por las tardes, en la playa–, y el vuelo de alta precisión es un paso hacia la expresión de nuestra verdadera naturaleza. Tenemos que rechazar todo lo que nos limite. Esta es la causa de todas estas prácticas a alta y baja velocidad, de estas acrobacias...

... y sus alumnos se dormirían, rendidos después de un día de volar. Les gustaba practicar porque era rápido y excitante y les satisfacía esa hambre por aprender que crecía con cada lección. Pero ni uno de ellos, ni siquiera Pedro Pablo Gaviota, había llegado a creer que el vuelo de las ideas podía ser tan real como el vuelo del viento y las plumas.

—Tu cuerpo entero, de extremo a extremo del ala —diría Juan en otras ocasiones—, no es más que tu propio pensamiento, en una forma que puedes ver. Rompe las cadenas de tu pensamiento, y romperás también las cadenas de tu cuerpo. —Pero dijéralo como lo dijera, siempre sonaba como una agradable ficción, y ellos necesitaban más que nada dormir.

Había pasado un mes tan sólo cuando Juan dijo que había llegado la hora de volver a la Bandada.

—¡No estamos preparados! —dijo Enrique Calvino Gaviota—. ¡Ni seremos bienvenidos! ¡Somos Exilados! No podemos meternos donde no seremos bienvenidos, ¿verdad?

—Somos libres de ir donde queramos y de ser lo que somos —contestó Juan, y se elevó de la arena y giró hacia el Este, hacia el país de la Bandada.

Hubo una breve angustia entre sus

alumnos, puesto que es Ley de la Bandada que un Exilado nunca retorne, y no se había violado la Ley ni una sola vez en diez mil años. La Ley decía quédate, Juan decía partid; y ya volaba a un kilómetro mar adentro. Si seguían allí esperando, él encararía por sí solo a la hostil Bandada.

—Bueno, no tenemos por qué obedecer la Ley si no formamos parte de la Bandada, ¿verdad? —dijo Pedro, algo turbado—. Además, si hay una pelea, es allá donde se nos necesita.

Y así ocurrió que, aquella mañana, aparecieron desde el Oeste ocho de ellos en formación de doble-diamante, casi tocándose los extremos de las alas. Sobrevolaron la playa del Consejo de la Bandada a doscientos cinco kilómetros por hora, Juan a la cabeza, Pedro volando con suavidad a su ala derecha, Enriqúe Calvino luchando valientemente a su izquierda. Entonces la formación entera giró lentamente hacia la derecha, como si fuese un solo pájaro...

de horizontal... a... invertido... a... hoı zontal, con el viento rugiendo sobre sus cuerpos.

Los graznidos y trinos de la cotidiana vida de la Bandada se cortaron como si la formación hubiese sido un gigantesco cuchillo, y ocho mil ojos de gaviota les observaron, sin un solo parpadeo. Uno tras otro, cada uno de los ocho pájaros ascendió agudamente hasta completar un rizo y luego realizó un amplio giro que terminó en un estático aterrizaje sobre la arena. Entonces, como si este tipo de cosas ocurriera todos los días, Juan Gaviota dio comienzo a su crítica del vuelo.

–Para comenzar –dijo, con una sonrisa seca–, llegasteis todos un poco tarde al momento de juntaros...

Un relámpago atravesó a la Bandada. ¡Esos pájaros son Exilados! ¡Y han vuelto! ¡Y eso... eso no puede ser! Las predicciones de Pedro acerca de un combate se desvanecieron ante la confusión de la Bandada.

—Bueno, de acuerdo: son Exilados —dijeron algunos de los jóvenes—, pero, oye, ¿dónde aprendieron a volar así?

Pasó casi una hora antes de que la Palabra del Mayor lograra repartirse por la Bandada: Ignoradlos. Quien hable a un Exilado será también un Exilado. Quien mire a un Exilado viola la Ley de la Bandada.

Espaldas y espaldas de grises plumas rodearon desde ese momento a Juan, quien no dio muestra de darse por aludido. Organizó sus sesiones de prácticas exactamente encima de la Playa del Consejo, y, por primera vez, forzó a sus alumnos hasta el límite de sus habilidades.

—¡Martín Gaviota —gritó en pleno vuelo—, dices conocer el vuelo lento! ¡Pruébalo primero y alardea después! ¡VUELA!

Y de esta manera, nuestro callado y pequeño Martín Alonso Gaviota, paralizado al verse blanco de los disparos de su instructor, se sorprendió a sí mis-

mo al convertirse en un mago de vuelo lento. En la más ligera brisa, llegó a curvar sus plumas hasta elevarse sin el menor aleteo, desde la arena hasta las nubes y abajo otra vez.

Lo mismo le ocurrió a Carlos Rolando Gaviota, quien voló sobre el Gran Viento de la Montaña a ocho mil doscientos metros de altura y volvió, maravillado y feliz y azul de frío, y decidido a llegar aún más alto al otro día.

Pedro Gaviota, que amaba como nadie las acrobacias, logró superar su caída "en hoja muerta", de dieciséis puntos, y al día siguiente, con sus plumas refulgentes de soleada blancura, llegó a su culminación ejecutando un tonel triple que fue observado por más de un ojo furtivo.

A toda hora Juan estaba junto a sus alumnos, enseñando, sugiriendo, presionando, guiando. Voló con ellos contra noche y nube y tormenta, por el puro gozo de volar, mientras la Bandada se apelotonaba miserablemente en tierra.

Terminado el vuelo, los alumnos descansaban en la playa y llegado el momento escuchaban de cerca a Juan. Tenía él ciertas ideas locas que no llegaban a entender, pero también las tenía buenas y comprensibles.

Poco a poco, por la noche, se formó otro círculo alrededor de los alumnos; un círculo de curiosos que escuchaban allí, en la oscuridad, hora tras hora, sin deseo de ver ni de ser vistos, y que desaparecían antes del amanecer.

Un mes después del Retorno, la primera gaviota de la Bandada cruzó la línea y pidió que se le enseñara a volar. Al preguntar, Terrence Lowell Gaviota se convirtió en un pájaro condenado, marcado por el Exilio y octavo alumno de Juan.

La próxima noche vino de la Bandada Esteban Lorenzo Gaviota, vacilante por la arena, arrastrando su ala izquierda hasta desplomarse a los pies de Juan.

Ayúdame –dijo apenas, hablando

como los que van a morir–. Más que nada en el mundo, quiero volar...

–Ven pues –dijo Juan–. Subamos, dejemos atrás la tierra y empecemos.

–No me entiendes. Mi ala. No puedo mover mi ala.

–Esteban Gaviota, tienes la libertad de ser tú mismo, tu verdadero ser, aquí y ahora, y no hay nada que te lo pueda impedir. Es la ley de la Gran Gaviota, la Ley que Es.

–¿Estás diciendo que puedo volar?

–Digo que eres libre.

Y sin más, Esteban Lorenzo Gaviota extendió sus alas, sin el menor esfuerzo y se alzó hacia la oscura noche. Su grito, al tope de sus fuerzas y desde doscientos metros de altura, sacó a la Bandada de su sueño:

–*¡Puedo volar! ¡Escuchen!* ¡PUEDO VOLAR!

Al amanecer había cerca de mil pájaros en torno al círculo de alumnos, mirando con curiosidad a Esteban. No les importaba si eran o no vistos, y es-

cuchaban, tratando de comprender a Juan Gaviota.

Habló de cosas muy sencillas: que está bien que una gaviota vuele; que la libertad es la misma ensencia de su ser; que todo aquello que impida esa libertad debe ser eliminado, fuera ritual o superstición o limitación en cualquier forma.

—¿Eliminado —dijo una voz en la multitud—, aunque sea Ley de la Bandada?

—La única Ley verdadera es aquélla que conduce a la libertad —dijo Juan—. No hay otra.

—¿Cómo quieres que volemos como vuelas tú? —intervino otra voz—. Tú eres especial y dotado y divino, superior a cualquier pájaro.

—¡Mirad a Pedro, a Terrence, a Carlos Rolando, a María Antonio! ¿Son también ellos especiales dotados y divinos? No más que vosotros, no más que yo. La única diferencia, realmente la única, es que ellos han empezado a comprender lo que de verdad son y han empezado a ponerlo en práctica.

Sus alumnos, salvo Pedro, se revolvían intranquilos. No se habían dado cuenta de que era eso lo que habían estado haciendo.

Día a día aumentaba la muchedumbre que venía a preguntar, a idolatrar, a despreciar.

—Dicen en la Bandada que si no eres el hijo de la misma Gran Gaviota —le contó Pedro a Juan, una mañana después de las prácticas de Velocidad Avanzada—, entonces lo que ocurre contigo es que estás mil años por delante de tu tiempo.

Juan suspiró. Este es el precio de ser mal comprendido, pensó. Te llaman diablo o te llaman dios.

—¿Qué piensas tú, Pedro? ¿Nos hemos anticipado a nuestro tiempo?

Un largo silencio.

—Bueno, esta manera de volar siempre ha estado al alcance de quien quisiera aprender a descubrirla; y esto nada tiene que ver con el tiempo. A lo mejor nos hemos anticipado a la moda; a la manera de volar de la mayoría de las gaviotas.

–Eso ya es algo –dijo Juan, girando para planear invertidamente por un rato–. Eso es algo mejor que aquello de anticiparnos a nuestro tiempo.

Ocurrió justo una semana más tarde. Pedro se hallaba explicando los principios del vuelo a alta velocidad a una clase de nuevos alumnos. Acababa de salir de su picado desde cuatro mil metros –una verdadera estela gris disparada a pocos centímetros de la playa–, cuando un pajarito en su primer vuelo planeó justamente en su camino, llamando a su madre. En una décima de segundo, y para evitar al joven, Pedro Pablo Gaviota giró violentamente a la izquierda, y a más de trescientos kilómetros por hora fue a estrellarse contra una roca de sólido granito.

Fue para él como si la roca hubiese sido una dura y gigantesca puerta hacia otros mundos. Una avalancha de miedo

y de espanto y de tinieblas se le echó encima junto con el golpe, y luego se sintió flotar en un cielo extraño, extraño, olvidando, recordando, olvidando; temeroso y triste y arrepentido; terriblemente arrepentido.

La voz le llegó como en aquel primer día en que había conocido a Juan Salvador Gaviota.

—El problema, Pedro, consiste en que debemos intentar la superación de nuestras limitaciones en orden, y con paciencia. No intentamos cruzar a través de rocas hasta algo más tarde en el programa.

—¡Juan!

—También conocido como el Hijo de la Gran Gaviota —dijo su instructor, secamente.

—¿Qué haces aquí? ¡Esa roca! ¿No he... no me había... muerto?

—Bueno, Pedro, ya está bien. Piensa. Si me estás hablando ahora, es obvio que no has muerto, ¿verdad? Lo que sí lograste hacer fue cambiar tu nivel de conciencia de manera algo brusca. Ahora te toca escoger. Puedes quedarte aquí y aprender en este nivel –que para que te enteres, es bastante más alto que el que dejaste–, o puedes volver y seguir trabajando en la Bandada. Los Mayores estaban deseando que ocurriera algún desastre y se han sorprendido de lo bien que les has complacido.

–Por supuesto que quiero volver a la Bandada. ¡Estoy apenas empezando con el nuevo grupo!

–Muy bien, Pedro. ¿Te acuerdas de lo que decíamos acerca de que el cuerpo de uno no es más que el pensamiento puro...?

Pedro sacudió su cabeza, extendió sus alas, abrió sus ojos, y se halló al pie de la roca y en el centro de toda la Bandada allí reunida. De la multitud surgió un gran clamor de graznidos y chillidos cuando empezó a moverse.

–¡Vive! ¡El que había muerto, *vive*!

–¡Le tocó con un extremo del ala!

¡Lo resucitó! ¡El Hijo de la Gran Gaviota!

—¡No! ¡El lo niega! ¡Es un diablo! ¡DIABLO! ¡Ha venido a aniquilar a la Bandada!

Había cuatro mil gaviotas en la multitud, asustadas por lo que había sucedido, y el grito de ¡DIABLO! cruzó entre ellas como viento en una tempestad oceánica. Brillantes los ojos, aguzados los picos, avanzaron para destruir.

—Pedro, ¿te parecería mejor si nos marchásemos? —preguntó Juan.

—Bueno, yo no pondría inconvenientes si...

Al instante se hallaron a un kilómetro de distancia, y los relampagueantes picos de la turba se cerraron en el vacío.

—¿Por qué será —se preguntó perplejo Juan— que no hay nada más difícil en el mundo que convencer a un pájaro de que es libre, y de que lo puede probar por sí mismo si sólo se pasara un rato practicando? ¿Por qué será tan difícil?

Pedro aún parpadeaba por el cambio de escenario.

—¿Qué hiciste ahora? ¿Cómo llegamos hasta aquí?

—Dijiste que querías alejarte de la turba, ¿no?

—¡Sí! pero, ¿cómo has...?

—Como todo, Pedro. Práctica.

A la mañana siguiente, la Bandada había olvidado su demencia, pero no Pedro.

—Juan, ¿te acuerdas de lo que dijiste hace mucho tiempo acerca de amar lo suficiente a la Bandada como para volver a ella y ayudarla a aprender?

—Claro.

—No comprendo cómo te las arreglas para amar a una turba de pájaros que acaba de intentar matarte.

—¡Vamos, Pedro, no es eso lo que tú amas! Por cierto que no se debe amar el odio y el mal. Tienes que practicar y llegar a ver a la verdadera gaviota, ver el bien que hay en cada una, y ayudarlas a que lo vean en sí mismas. Eso es lo que quiero decir por amar. Es divertido, cuando le aprendes el truco. Recuerdo, por ejemplo, a cierto orgulloso pájaro, un tal Pedro Pablo Gaviota. Exilado reciente, listo para luchar hasta la muerte contra la Bandada, empezaba ya a construirse su propio y amargo infierno en los Lejanos Acantilados. Sin embargo, aquí lo tenemos ahora, construyendo su propio cielo, y guiando a toda la Bandada en la misma dirección.

Pedro miró a su instructor, y por un momento hubo miedo en sus ojos.

—¿*Yo,* guiando? ¿Qué quieres decir: *yo* guiando? Tú eres el instructor aquí. ¡Tú no puedes marcharte!

—¿Ah, no? ¿No piensas que hay acaso otras Bandadas, otros Pedros, que necesitan más a un instructor que ésta, que ya va camino de la luz?

—¿*Yo*? Juan, soy una simple gaviota, y tú eres...

—¿...el único Hijo de la Gran Gaviota, supongo? –Juan suspiró y miró hacia el mar–. Ya no me necesitas. Lo que necesitas es seguir encontrándote a ti mismo, un poco más cada día; a ese verdadero e ilimitado Pedro Gaviota. El es tu instructor. Tienes que comprenderle, y ponerlo en práctica.

Un momento más tarde el cuerpo de Juan trepidó en el aire, resplandeciente, y empezó a hacerse transparente.

–No dejes que se corran rumores tontos sobre mí, o que me hagan un dios. ¿De acuerdo, Pedro? Soy gaviota. Y quizá me encante volar...

–¡JUAN!

–Pobre Pedro. No creas lo que tus ojos te dicen. Sólo muestran limitaciones. Mira con tu entendimiento, descubre lo que ya sabes, y hallarás la manera de volar.

El resplandor se apagó. Y Juan Gaviota se desvaneció en el aire.

Después de un tiempo, Pedro Gaviota se obligó a remontar el espacio y se enfrentó con un nuevo grupo de estudiantes, ansiosos de empezar su primera lección.

—Para comenzar —dijo pesadamente—, tenéis que comprender que una gaviota es una idea ilimitada de la libertad, una imagen de la Gran Gaviota, y todo vuestro cuerpo, de extremo a extremo del ala, no es más que vuestro propio pensamiento.

Los jóvenes se miraron con extrañeza. ¡Vaya, hombre!, pensaron, eso no suena a una norma para hacer un rizo...

Pedro suspiró y empezó otra vez:

—¡Hum!... ah... muy bien —dijo, y les miró críticamente—. Empecemos con el Vuelo Horizontal. —Y al decirlo, comprendió de pronto que, en verdad, su amigo no había sido más divino que el mismo Pedro.

¿No hay límites, Juan? pensó. ¡Bueno, llegará entonces el día en que me apareceré en tu playa, y te enseñaré un par de cosas acerca del vuelo!

Y aunque intentó parecer adecuadamente severo ante sus alumnos, Pedro

Gaviota les vio de pronto tal y como eran realmente, sólo por un momento, y más que gustarle, amó aquello que vio. ¿No hay límites, Juan?, pensó, y sonrió. Su carrera hacia el aprendizaje había empezado.